AF336063

LE
DUC DE MONMOUTH,

COMÉDIE-HÉROIQUE,

EN TROIS ACTES ET EN PROSE.

Représentée pour la première fois à Paris, sur le Théâtre du Palais Royal, le 4 Novembre 1788.

Prix 30 fols.

A PARIS,

Et se trouve A BRUXELLES,

chez J. L. DEBOUBERS, Imprimeur-Libraire.

1789.

PERSONNAGES.

LE DUC DE MONMOUTH,	M. Vallois.
LADI SHAFTSBURY,	Mlle Forest.
HALIFAX,	M. Michaut.
HERVEY, Écuyer du Duc,	M. Duval.
BETSI, Suivante de Ladi,	Mme St. Clair.
ROBERT EDWIDGE, Fermier,	M. Bordier.
GEORGE, Amant de Sarah,	M. St. Clair.
SARAH, fille de Robert,	Mlle Tabraise.
UN ALDERMAN.	
SOLDATS DU DUC.	
SOLDATS DU PARTI DU ROI.	
GENS DE LA SUITES DE LADI.	

La Scène se passe en Angleterre, dans le
Northumberland.

LE DUC DE MONMOUTH,
COMÉDIE-HÉROIQUE.

ACTE PREMIER.

Le Théâtre représente une Cabane de payfan, éclairée par une lampe.

SCENE PREMIERE.

LADI, BETSI.

LADI, *affife près d'une table.*

LA nuit approche, point de nouvelles de la bataille! Affreufe perplexité, plus cruelle cent fois que la certitude du malheur! (*A Betfi qui approche.*) Eh bien, Betfi?

BETSI.

Depuis quelques inftans le bruit du canon ne fe fait plus entendre.

LADI.

Monmouth eft vaincu, je n'en puis plus douter!

BETSI.

Rien ne l'annonce encore, Madame : pourquoi être fi prompte à vous allarmer?

LADI.

N'a-t-il pas choifi lui-même ce lieu voifin des deux camps, pour que je fois plutôt inftruite de fon fort? Il fait que j'ai paffé la journée au milieu d'un bois, dans une miférable chaumière, n'ayant avec moi qu'un petit nombre de mes gens; il devine mes inquiétudes mortelles! Cependant, il ne m'a pas envoyé un feul courrier. Hélas! Betfi, peut-être fa défaite eft-elle le moindre des malheurs que j'aie à redouter.

A

BETSI.

Il me semble entendre....

LADI.

Ah! courons. S'il étoit possible.....

BETSI.

Non : personne ne vient. L'orage redouble, le tems est épouvantable.

LADI.

Ah! si mes pressentimens ne trompoient! si Monmouth aujourd'hui vainquer... N'a-t-il pas un parti puissant, des amis courageux & fidèles. Ne joint-il pas à une valeur éprouvée, toutes les qualités d'un Général? L'amour de ses soldats, la renommée de ses exploits, la gloire dont il s'est couvert, font luire dans mon cœur un rayon d'espérance. Et qu'a-t-il à combattre? Des troupes rassemblées à la hâte, un Prince indolent... Mais ce Prince est ton père, ton Roi! Si Monmouth est vaincu, c'est un audacieux justement puni. S'il est vainqueur, les noms odieux de rebelle & de parricide, flétriront ses lauriers, obscurciront sa gloire. Funeste ambition, dont j'ai partagé le délire! Malheureuse Fanni! tu ne vois sous tes pas que des précipices.

BETSI.

John accourt, Madame. Quelqu'un l'accompagne.

SCÈNE II.

LADI, HERVEY, BETSI.

LADI.

C'EST vous, Hervey! (seul!)

HERVEY.

Tout est perdu, Madame!

LADI.

Monmouth est mort!

HERVEY.

Non, Madame, rassurez-vous.

LADI.

Il est pris?

HERVEY.

Je le crois libre encore.

LADI.

Achevez de grace.

HERVEY.

Mon maître a fait des prodiges de valeur. Il a déployé toute l'énergie de son ame, toutes les ressources de l'art de la guerre. Le fort a trahi son courage. Le parti du Roi l'a emporté.

LADI.

Mes pressentimens me l'avoient appris !

HERVEY.

La victoire a été long-tems incertaine. Cependant je l'avouerai, je n'ai point retrouvé dans mon maître cette heureuse audace, cette noble assurance dont il étoit animé, quand je l'ai vu combattre pour l'Etat. Un silence farouche, un désespoir sombre, sembloient annoncer qu'il doutoit de la justice de la cause. S'il en avoit cru un vieux serviteur qui l'aime...

LADI.

Charles est vainqueur !

HERVEY.

Oui, Madame. Nos Montagnards, en prenant la fuite, ont répandu le désordre dans le reste de l'armée. Une confusion affreuse a décidé la perte de la bataille. En vain le Duc a tenté de faire une retraite honorable, il n'a point été secondé. Les Lords Sidney & Russel ont été pris à ses côtés, pendant qu'ils cherchoient à rallier quelques escadrons qui tenoient encore...

LADI.

Où est-il ? Que sera-t-il devenu ?

HERVEY.

Il a dû prendre la route qui conduit à cette forêt, dont il connoît les détours.

LADI.

Et vous l'avez abandonné ?

HERVEY.

Il m'avoit envoyé vers vous, Madame. Mais je ne l'aurois pas quitté, si mon cheval tué sous moi, ne m'eût pas mis hors d'état de le suivre. Le hasard m'en a fait rencontre un autre, & j'espérois trouver mon maître ici.

LADI.

Malheureux Prince !

HERVEY.

Oui, Madame ; malheureux de s'être laissé séduire par des amis perfides, qui l'ont sacrifié à leur ambition. Monmouth étoit né vertueux, on l'a rendu criminel. Pardonnez la franchise d'un vieux soldat, qui ne sait point déguiser ce qu'il pense. J'ai vu naître Monmouth dans l'infortune. Je l'ai vu depuis monter au faîte des honneurs. Il les avoit mérités. Que lui falloit-il de plus, que l'amitié du Roi & l'estime de la Nation ?

L A D I.

N'entendez-vous pas un bruit éloigné ? Si c'étoit lui ! S'il erroit autour de cette asyle ! Hervey, que l'on allume des feux qui puissent attirer ses regards.

H E R V E Y.

Et si des Soldats du parti du Roi . . .

L A D I.

Que m'importe ? J'ai tout fait pour le perdre, je saurai tout risquer pour le sauver.

B E T S I, *revenant de la porte.*

Le bruit augmente ; on vient, Madame.

S C E N E   I I I.

LES PRÉCÉDENS, LE DUC DE MONMOUTH, SOLDATS.

L A D I.

C'EST lui ! le Ciel le rend à mes vœux ! Cher Prince, je succombe.

L E D U C, *la soutenant.*

Fanni, je vous revois ! Dieux, ses forces l'abandonnent ! Fanni, ma chère Fanni !

B E T S I.

Madame . . .

L E D U C.

Que mon retour dissipe vos allarmes.

L A D I, *revenant à elle.*

Vous avez échappé à la fureur de vos ennemis. Ah ! mon courage se ranime.

L E D U C.

Le Ciel, qui m'a tout enlevé, a pris soin de conserver une vie qui vous est chère ; & malgré tous les maux dont il s'est plu de m'accabler, je sens en ce moment que je lui dois de la reconnoissance.

L A D I.

Mais, êtes-vous en sureté ici ? ne viendront-ils pas vous y poursuivre ?

L E D U C.

L'obscurité de la nuit a favorisé ma retraite, je crois l'avoir dérobée à tous les yeux. Et si l'on nous attaque, il me reste quelques amis fidèles, nous vendrons cher notre vie.

HERVEY.

Il n'eft aucun de nous, Monfeigneur, qui ne meure avec
joie en vous défendant.

LE DUC.

Je le fais, braves amis, & votre générofité me fait fentir
plus vivement l'amertume de ma fituation. Il m'eût été fi doux
de récompenfer vos fervices ! mais le malheur me force d'être
ingrat, & quand je ne puis rien pour vous, vous faites tout
pour moi.

HERVEY.

Ah ! Monfeigneur, votre reconnoiffance a déjà trop payé
nos foibles fervices.

LADI.

Monmouth, les momens font précieux, je voudrois vous
parler.

LE DUC, *à fa fuite.*

Laiffez-nous, mes amis. (*A Hervey.*) Hervey : (*Il lui
parle bas.*)

LADI, *à Betfi.*

Qu'on redouble de foins, & qu'on nous avertiffe du plus
léger bruit.

LE DUC, *à Hervey.*

Je te confie le foin de faire exécuter cet ordre. S'ils font
rencontrés par des Soldats du parti ennemi, qu'ils feignent
de m'avoir au milieu d'eux, de m'efcorter. Qu'ils me nom-
ment, & prennent la fuite du côté que j'ai dit.

HERVEY.

Oui, Monfeigneur.

SCÈNE IV.

LADI, LE DUC.

LADI.

EH bien, 'Prince, qu'efpérez-vous ? Croyez-vous pouvoir fléchir le couroux de votre père ?

LE DUC.

Non, Madame. Charles vaincu auroit rétrouvé dans Monmouth tous les fentimens d'un fils. Il eft vainqueur ; mes revers
m'ont enlevé jufqu'à l'efpérance, fans abbattre ma fierté. Je ne
folliciterai point fa clémence en flattant fon orgueil par une
foumiffion tardive & déplacée, qui nuiroit à ma gloire & fer-
viroit mal mes intérêts. Je l'ai trop offenfé, pour demander
ou attendre qu'il me pardonne.

LADI.

Quoi, Monmouth, vous croyez que votre père....

LE DUC.

Je le connois, Madame, je sais que son cœur est naturel-
lement bon & généreux, & que peut-être les sentimens de
tendresse qu'il eut autrefois pour moi, ne sont pas entièrement
éteints. Mais, Madame, les Princes sont-ils toujours les maî-
tres de suivre les mouvemens de leur cœur? Leur volonté est-
elle toujours la règle de leur conduite? Charles n'étoit pas
entouré de courtisans adroits & cruels, qui ont subjugué son
esprit en flattant ses foiblesses? Ennemis de mon bonheur,
jaloux de mon élévation, ils l'aigrissent contre moi. Dans l'instant où je vous parle, ils travaillent à me perdre; &, grossis-
sant mes torts, aggravant ma faute, lançant avec adresse le
trait envenimé, ils s'applaudissent tout bas d'avoir fermé le
cœur d'un père au repentir de son fils.

LADI.

Vous me faites frémir, Monmouth, en détruisant un foible
espoir qui me soutenoit encore.

LE DUC.

Je crains de vous affliger, Fanni, mais je ne dois pas
vous tromper.

LADI.

Poursuivi par l'envie, trahi par le sort, abandonné de vos
amis, que vous reste-t-il donc?

LE DUC.

L'audace, qui fait tout entreprendre; & la constance,
qui fait tout supporter.

LADI.

Qu'espérez-vous encore? que peut le courage contre la
fortune.

LE DUC.

Elle se lassera de m'être contraire.

LADI.

Ah! pardonnez les craintes d'une amante, mais l'ambition
ne nous a que trop égarés. Si le cœur de Fanni pouvoit suf-
fire à votre bonheur, nous trouverions des charmes au sein
d'une vie obscure & tranquille. Monmouth, sur les degrés
du trône eut toute ma tendresse; en butte aux traits de l'ad-
versité, il en est plus cher à mon cœur. Un secret pressentiment
m'assure que le Roi ne sera pas inflexible. Embrassez ses genoux.
Renoncez à sa faveur incertaine & passagère, aux honneurs
qui ne vous ont pas rendu heureux, aux dignités qui ont
allumé l'envie contre vous; ne lui demandez que la paix....

LE DUC.

Qui moi! Vous êtes Anglaise & vous me donnez un tel
conseil!

LADI.

Eh bien laissez agir mon amour & mon zèle. Je verrai votre père, il connoîtra vos sentiment pour moi. Il faura que ma famille partage votre faute ; & que fans moi, peut-être, vous n'eussiez jamais pris les armes contre lui. Je toucherai son ame, je détournerai les traits de fa colère...

LE DUC.

Arrêtez, Madame. Mon fort m'avilit donc bien à vos yeux, puisque vous ne craignez pas de me faire une telle propofition. Moi, vous envelopper dans ma ruine! Entraîner mes amis dans ma chute! Ah! c'est alors que Monmouth auroit à rougir de fa défaite. Fanni, eftimez votre amant davantage ; laissez-lui fubir feul fa destinée, & n'imprimez pas à fon nom une tache ineffaçable.

LADI.

Pardonne à ma tendresse d'être trop prompte à faisir tout ce qui femble devoir conferver tes jours, & affurer mon bonheur.

LE DUC.

Chère Fanni!

LADI.

Veux-tu adopter un autre projet? Il ne compromet pas ta gloire, & fatisfera tous mes vœux.

LE DUC.

Ah! Parlez.

LADI.

Il est un peuple aimable & généreux, voisin de ce Royaume, les Princes pourfuivis par le malheur, n'ont jamais réclamé en vain fa protection & fon appui. La France nous offre un afyle auffi fûr qu'honorable. Mes biens peuvent aifément le réalifer. Quittons la terre ingrate qui nous a vu naître. Allons fous un ciel moins orageux jouir d'une vie auffi douce que paifible.

LE DUC.

Que je reconnois bien ton ame, ô ma Fanni! Tu connois la mienne, puifque tu me rends la justice de croire que ta poffeffion fuffiroit à mon bonheur. Mais puis-je confentir à te dépouiller? Eh! qu'aurois-je à t'offrir pour te dédommager de tes facrifices? Ladi Shaftsbury s'expatrier, pour fuivre un malheureux, forcé de fe bannir lui-même... Je frémis d'y penfer. Ah! Madame, abandonnez plutôt un Prince infortuné: craignez l'influence de fa destinée, & fuyez l'air contagieux qu'il respire.

LADI.

Eh quoi! Monmouth refufe...

B

LE DUC.

Refuse un bienfait dont il sent tout le prix.

LADI.

Quand ta Fanni t'en conjure.

LE DUC.

Ne l'exigez pas. Ce seroit abuser des droits de l'amour.

LADI.

De l'amour ? Tu ne le connois pas, cruel, puisque ses dons te feroi̇s rougir. C'est en vain que ton orgueil se déguise. Il perce à travers le voile dont tu veux le couvrir. Tu craindrois de devoir un foible service à ton amante. Ingrat ! quand tu me promettois une couronne, je sentois, moi, combien il est doux de tout devoir à ce qu'on aime. Et quand je conçois l'espoir d'adoucir tes malheurs, tu repousses la main qui veut changer ton sort ! Tu ne m'as jamais aimée ! L'ambition & non l'amour a toujours occupé ton ame toute entière.

LE DUC.

Fanni, vous déchirez mon cœur.

LADI.

Comblez mes vœux, acceptez le seul parti qui nous reste.

LE DUC.

Non, vous dis-je, ma chère Fanni. Ma retraite chez les Français me rendroit suspect aux yeux de l'Angleterre. L'estime de ma patrie est le seul bien qui me reste, je dois tout faire pour le conserver. L'Écosse a des mécontens, je veux me mettre à leur tête, & montrer qu'il me reste encore assez de ressources pour venger ma défaite . . . .

SCENE V.

LADI, LE DUC, BETSI.

BETSI.

AH ! Madame, le bois est rempli de soldats. Le bruit des chevaux se fait entendre au loin. Ils viennent du côté de Malden.

LADI, *au Duc.*

Hélas ! ils vous cherchent ! C'est moi qui vous ai retenu.

LE DUC.

Rassurez-vous, Fanni, ils ne peuvent être en grand nombre. Peut-être même, sont-ce des gens de mon parti, que la fuite a dispersés. Rappellez votre courage, & songez que l'amante de Monmouth doit être au-dessus des foiblesses de son sexe.

LADI.

Et comment ne pas succomber à tant de dangers ?

LE DUC.

S'il faut combattre, le sort des armes ne me sera peut-être pas toujours contraire. Je combattrai sous vos yeux, & ce sera pour moi le présage de la victoire. Ne quittez point cette cabane, je vais tâcher de découvrir...

LADI.

Moi, t'abandonner, ne le crois pas. Je partagerai les périls où tu veux t'engager.

LE DUC.

Souffrez qu'un moment...

LADI.

J'accompagnerai tes pas.

LE DUC.

Betsi, voyez où est Hervey.

BETSI.

Le voici, Monseigneur.

<hr>

SCENE VI.

LADI, LE DUC, HERVEY, BETSI.

LE DUC.

EH bien, Hervey ?

HERVEY.

Fuyons, Monseigneur. Suivez-moi, il n'y a pas un moment à perdre.

LE DUC.

Nous, fuir ! Quel langage me tenez-vous !

HERVEY.

La nécessité commande, il faut obéir.

LE DUC.

Expliquez-vous.

HERVEY.

Vos ennemis vous ont porté le dernier coup.

LE DUC.

Eh ! qu'ai-je encore à craindre ?

LADI.

Hélas !

HERVEY.

Monseigneur, votre tête est à prix. Dix mille guinées sont l'odieux salaire....

L A D I.

Dieux !

H E R V E Y.

Un de nos gens fait prisonnier, & qui a trouvé le moyen de s'échapper, m'a appris cette affreuse nouvelle. Plusieurs escadrons sont répandus dans la forêt...

L E D U C.

Mon père demande ma tête ! Je l'avouerai, ce nouveau malheur a droit de me surprendre.

H E R V E Y.

Né dans ces campagnes, j'en connois les détours. Une issue secrette, pratiquée entre les montagnes, nous conduira dans un lieu de sureté. Venez, Monseigneur.

L A D I, *vivement.*

Oui, suivez Hervey. Tâchez de vous soustraire à leur fureur.

L E D U C.

Non, Madame. Je fais défendre ma vie dans les champs de l'honneur ; mais lorsqu'on arme contre moi un peuple d'assassins, je détourne les yeux & je présente ma tête.

L A D I.

Cruel, vous voulez donc ma mort !

H E R V E Y.

Mon maître se laisse-t-il abattre par l'infortune ?

L A D I.

Ne soyez pas insensible à mes larmes.

H E R V E Y.

Songez que vous êtes la derniere espérance d'un parti qui s'est sacrifié pour vous. C'est le trahir que de négliger le soin de votre vie. Il vous reste sans doute quelques amis auprès du Roi...

L E D U C.

Des amis ! Vous voulez que j'attende mon salut du zèle des amis qui me restent à la Cour. Dans un lieu voué à la politique, où l'intérêt personnel parle seul, où le visage du maître imprime à tous les autres la tristesse, la joie ou la sévérité, quelle voix assez noble, assez fiere osera s'élever en faveur de l'infortuné qu'on opprime. Des amis ! un proscrit n'en a plus.

L A D I, *se jettant à ses genoux.*

Tu me vois à tes pieds, Monmouth ; tu m'as déjà accablée de tes refus, n'y mets pas le comble. Accorde-moi l'unique grace que je te demande.

L E D U C.

Que m'ordonnez-vous !

LADI.

Pars; éloigne-toi, je t'en conjure.

LE DUC.

Eh bien, Madame, je cède à la loi que vous m'imposez. Je tâcherai de souftraire au fer des bourreaux une vie qui vous intéresse.

LADI.

Cher Prince....

HERVEY.

Mon maître, confiez-vous à mon zéle. La nuit & la providence feront le reste.

LE DUC.

Il me fera doux, bon vieillard, de devoir à tes foins ma conservation. Tu as exécuté l'ordre que j'ai donné.

HERVEY.

Oui, Monseigneur, comptez fur leur exactitude & leur intelligence.

LE DUC.

Adieu, chère Fanni, je vais vous obéir. Mon premier foin fera de vous inftruire de mon fort. Puiffe un tems plus profpère nous réunir tous deux. Permettez que je dépofe en vos mains ces marques d'honneur que je ne dois plus porter & dont l'éclat me perdroit aujourd'hui. (*Il lui donne l'Ordre de la Jarretière.*) Conservez-les comme un gage de mon eftime & de mon amour. (*Hervey l'emmène.*)

SCÉNE VII.

LADI, BETSI.

LADI. *après une pause.*

CIEL! conserve fes jours : protège mon amant. Guide fes pas incertains, & fais qu'il échappe à la pourfuite de fes perfécuteurs. Qui mérita jamais mieux que lui ton fecours! Abandonné de la nature entière, la mort & la trahifon l'environnent.

BETSI.

On vient à nous. Hélas! qu'allons-nous devenir ?

LADI.

S'il eft fauvé, je n'ai plus rien à craindre.

BETSI.

Ce font des foldats..... Ah! Madame!.....

LADI.

Raffurez-vous, Betfi, ou du moins diffimulez votre frayeur.

SCÈNE VIII.

LADI, BETSI, *deux* SOLDATS, *Gens de la suite de* LADI.

LADI, *assise.*

QUE demandez-vous?

1er. SOLDAT, *cherchant des yeux.*

Dix mille guinées que nous voudrions bien trouver.

2e. SOLDAT.

Oui. Nous cherchons un traître à l'Etat, le Duc de Monmouth qu'on croit caché dans ces bois, nous en dites-vous des nouvelles?

LADI.

Le Roi a donc gagné la bataille?

1er. SOLDAT.

Comme de raison. Vous êtes encore à le savoir! Les rebelles sont en déroute, nous les avons taillés en pièces.

2e. SOLDAT.

Si vous êtes bonne patriote, vous devez vous réjouir de cette nouvelle.

LADI.

Croyez qu'elle m'intéresse beaucoup.

2e. SOLDAT.

Mais comment se fait-il qu'une Dame telle que vous se trouve ici à cette heure?

LADI.

En revenant de mes terres la nuit m'a surprise dans cet endroit. L'orage & la crainte des soldats qu'on entend à tout moment m'y ont retenue.

SCÈNE IX.

LES PRÉCÉDENS, *un troisième* SOLDAT.

3e. SOLDAT.

AH! vous voilà, vous autres, le Duc est pris.

LADI, *tombant sur sa chaise.*

Malheureuse!

Ier. SOLDAT.

Nous n'avons pas de bonheur.

3e. SOLDAT.

Il étoit au milieu d'un gros de Cavalerie qui a mis bas les armes.

BETSI, *à Ladi.*

Un gros de Cavalerie! Ce n'est pas lui, Madame.

LADI.

Ah! s'il étoit possible! mais ce n'est pas assez pour me rassurer (*Aux Soldats.*) Mes amis, y a-t-il loin d'ici au camp du Roi?

Ier. SOLDAT.

Quatre milles environ.

3e. SOLDAT.

Madame n'est pas du parti des rébelles? (*Ladi leur donne une bourse.*)

Ier. SOLDAT.

Elle est du parti du Roi.

3e. SOLDAT *pesant la bourse.*

Elle est du parti du Roi.

2e. SOLDAT.

Grand merci, Madame. Nous ne comptions pas sur cette aubaine. Cela nous consolera un peu d'avoir fait une course inutile.

LADI.

Il suffit, laissez-nous.

SCÈNE X.

LADI, BETSI.

LADI.

ALLONS, Betsi, quittons ces lieux. Sachons d'une manière plus certaine quel peut être le sort du Prince, & si l'affreux arrêt porté contre lui est irrévocable; si Monmouth est pris..... (peut-il ne pas l'être?) S'il est pris, je saurai tout entreprendre pour le sauver: je suis Anglaise, je suis amante; ce qui peut abattre une ame foible & vulgaire, doit enflammer la mienne & redoubler mon courage.

Fin du premier Acte.

ACTE II.

(Le Théâtre représente un lieu agreste & sauvage. Quelques arbres sur la droite. De l'autre côté une chaîne de rochers. Une grotte taillée dans le roc sur le devant.)

SCENE PREMIERE.

LE DUC, *sans manteau & en désordre.*

GRACE au ciel l'aurore commence à paroître. Il semble que les élémens soient aussi déchaînés contre moi. Jamais fugitif ne rencontra une nuit plus affreuse & plus sombre. — Pauvre Hervey! accablé de lassitude, tu as été forcé d'abandonner ton maître! tes forces ne répondent plus à ton zèle. — Je succombe moi-même à la fatigue. Quoiqu'il puisse arriver, il m'est impossible de marcher d'avantage. — *(Il s'assied sur un morceau de rocher).* Ah! mon père, n'êtes-vous pas assez vengé!..... Il m'a proscrit! la mort ne seroit-elle pas mille fois préférable à l'état malheureux où je suis réduit? Qui la brava dix ans dans les combats, peut-il la redouter un quart d'heure?..... Mais on veut que je vive; l'amour & l'amitié m'en imposent la loi. Chère Fanni, je dois à ta tendresse de faire quelques efforts pour en conserver l'objet. — *(Il se lève.)* Où suis-je? ce lieu ne peut-il me servir de retraite pendant le reste du jour? Son aspect solitaire & sauvage m'annonce qu'il doit être peu fréquenté par les hommes....... Que dis-je? N'ai-je pas entendu?..... Ah! Monmouth, la feuille qui tombe ou qui s'agite a donc le droit de t'effrayer! — *(Il avance.)* Une caverne! le ciel m'offre un asyle! peut-être a-t-il déja servi à quelque infortuné. *(Il s'assied à l'entrée de la grotte.)* Une soif ardente me dévore. Ce sol aride & desséché m'offrira-t-il un ruisseau pour l'appaiser? *(Il veut se lever.)* Ah! je succombe! le besoin plus encore que la lassitude..... J'éprouve un tourment dont je n'avois pas d'idée. *(Il reste absorbé.)*

SCENE II.

SARAH, LE DUC, *assis à l'entrée de la grotte.*

SARAH, *appellant.*

George : voyez s'il répondra. Je crois pourtant avoir entendu sa voix. Il est peut-être caché derrière ces rochers. Eh bien ! qu'il y reste. Je n'irai pas l'y chercher. (*Elle avance & pose à terre une cruche de lait qu'elle ti nt.*) Seroit-il déjà à travailler dans la forêt ? Peut-être bien. Mais il va revenir pour déjeûner avec moi.

Elle apperçoit le Duc, fait un cri & se cache derrière un buisson.

LE DUC.

Qu'ai-je entendu ? (*Il sort de la grotte.*) Serais-je découvert ?..... Je ne vois rien. — Je ne me suis pas trompé..... ce vase..... il est rempli de lait..... & personne.

SARAH, *à part.*

Il ne me voit pas.

LE DUC.

Je ne puis résister à la soif qui me tourmente. Qui que tu sois, pardonne & prends pitié d'un malheureux. (*Il boit.*)

SARAH, *à part.*

Il boit mon lait.

LE DUC, *à part.*

Cette liqueur bienfaisante me rappelle à la vie.

SARAH, *à part.*

Il le trouve bon.

LE DUC, *à part.*

Mais on m'a vu. Je n'en puis douter. (*Il regarde de tous côtes.*)

SARAH, *à part.*

Il n'a pas l'air méchant.

LE DUC.

Qui que vous soyez, approchez, je vous en conjure.

SARAH, *s'éloignant.*

Ne me ferez-vous point de mal ?

LE DUC.

Elle me prend pour un brigand de ces bois. — Avancez, jeune fille, & ne craignez rien. Ce lait est à vous ?

SARAH.

Mais..... oui.

C

LE DUC.

Mille pardons, si j'ai osé en boire.

SARAH.

Je vous l'aurois offert de bon cœur.

LE DUC.

Il est juste que je vous récompense. Permettez.....

SARAH.

Une pièce d'or! De l'or pour du lait! Gardez votre or. Nous ne vendons pas notre lait à ceux qui ont soif.

LE DUC.

Aimable & douce créature!

SARAH.

Monsieur est un Officier, sans doute.

LE DUC.

Oui, ma bonne, je suis un Officier.

SARAH.

Vous vous êtes donc perdu dans les bois?

LE DUC.

J'y ai erré pendant toute la nuit. Y a-t-il loin d'ici au camp?

SARAH.

Mon père dit qu'il est tout près..... trop près d'ici, puisque nos champs ont été ravagés & que des gendarmes ont poursuivi les rébelles jusqu'au village, en demandant par-tout le Duc de Monmouth.

LE DUC.

Le Duc de Monmouth!

SARAH.

Oui. Celui qui est la cause de tous nos malheurs.

LE DUC, *à part.*

Elle est loin de penser que c'est lui qu'elle vient de secourir.

SARAH.

Mais vous paroissez affligé. Pardonnez si c'est moi qui en suis la cause, c'est sans le vouloir. Vous êtes peut-être du parti du Duc de Monmouth?

LE DUC.

Et si j'en étois, jeune fille, que feriez-vous?

SARAH.

Je vous plaindrois, puisque vous seriez malheureux.

LE DUC.

Ah! vous êtes un Ange, qu'une Divinité bienfaisante envoie à mon secours! Tant de vertu me touche, & m'engage à mettre à l'épreuve un cœur si bon & si généreux. Apprenez, mon enfant, que des raisons, les plus fortes raisons...

SARAH.

Je ne vous demande pas votre secret; ne me dites que ce qu'il faut que je fasse pour vous servir.

Apprenez donc que je fuis obligé de me tenir caché, & d'éviter tous les regards, jufqu'à la fin du jour que je continuerai ma route : je vais refter dans cet afyle, où je me trouve heureux de de vous avoir rencontrée. Promettez - moi de n'en rien dire à perfonne, pas même quand je n'y ferai plus.

SARAH.

Il ne faut donc pas que j'en parle à mon père, ni à George ?

LE DUC.

A qui que ce foit.

SARAH.

Votre fecret feroit tout de même en fureté, quand ils le fauroient ; mais il vous appartient, je ne leur dirai rien.

LE DUC.

Je me livre à vous, & vous ne voudriez pas trahir ma confiance.

SARAH.

Il faudroit que j'euffe un bien mauvais cœur.

LE DUC.

Je vois que je puis compter fur vous, croyez que je faurai reconnaître. . .

SARAH.

Mon Dieu ! de quel pays êtes - vous donc ? Les chofes les plus fimples vous étonnent. Vous voulez acheter mon lait, & payer mon filence. Eft-ce que perfonne ne vous a jamais obligé ? N'avez - vous jamais rendu fervice à perfonne ?

LE DUC.

Pardon, ma chère enfant. Mais tous les cœurs ne font pas comme le vôtre ; & le mien feroit fatisfait, fi vous confentiez à recevoir des témoignages de ma reconnoiffance, & de l'intérêt que vous m'infpirez.

SARAH.

A la bonne heure. C'eft que vous aimez auffi à faire du bien. Tenez, je ne fais fi je me trompe, mais je ne crois pas que vous foyez ce que j'ai penfé d'abord.

LE DUC.

Sur quoi jugez-vous ? . . .

SARAH.

N'importe qui vous foyez, vous avez befoin de moi, je ne veux pas en favoir davantage. Sarah n'eft qu'une payfanne, mais elle fe trouvera heureufe de pouvoir vous être utile, & de vous offrir les fecours qui dépendront d'elle... J'oublie que vous devez avoir befoin de nourriture. Vous avez bu avec trop de plaifir, pour ne pas manger avec appétit. Notre déjeuner n'eft qu'à deux pas, attendez-moi un inftant fans impatience & fans inquiétude. *(Elle fort.)*

SCÈNE III.

LE DUC, *seul.*

Aimable & bonne Sarah ! de quelle douce émotion tu viens de remplir mon ame ! Non, ce n'est qu'ici que j'ai rencontré la pitié sans orgueil, & la bienfaisance unie à la délicatesse. Pour la première fois de ma vie, j'ai reçu, & ma fierté n'en est point blessé... Que de vertu recèle l'humble asyle des campagnes ! On les ignore, on les néglige, comme ces plantes salutaires que nous foulons aux pieds, sans daigner nous en occuper. Mes malheurs me deviennent moins amers, puisqu'ils m'amènent à des réflexions utiles, & m'éclairent sur des vérités qui m'avoient toujours fui. — Ma destinée est dans les mains d'une paysanne, d'une enfant ! Son indiscrétion, même involontaire, peut livrer ma tête au fer des bourreaux ! & cependant je ne crains point. L'ascendant de la vertu m'impose ; & la bonne opinion que je conçois d'elle, l'emporte sur le danger que je cours...

SCÈNE IV.

LE DUC, SARAH, *un panier à la main.*

LE DUC.

Déjà revenue, chère Sarah ! Vous avez couru, vous êtes en nage.

SARAH.

C'est que j'ai fait le tour pour ne pas rencontrer mon père.

LE DUC.

Je vous sais bon gré de cette attention.

SARAH.

Voilà le panier, choisissez. Du pain, des fruits, c'est bien peu de chose.

LE DUC.

Ils me paroîtront délicieux. N'allez-vous pas les partager avec moi ?

SARAH.

Je n'ai pas marché toute la nuit, moi. Mangez, mangez, je vais vous servir. Je déjeunerai après avec George.

LE DUC.

Puisque vous le voulez, j'obéis avec grand plaisir, je vous jure.

SARAH.

Vous trouvez le pain bien noir , n'est-ce pas ?

LE DUC.

La couleur n'y fait rien. Il me semble excellent.

SARAH.

Pour les fruits , je les ai cueillis moi-même , & vous seriez un Prince , qu'on ne pourroit vous en offrir de meilleurs : c'est le même soleil qui les mûrit pour tout le monde. Mais vous n'avez pas de quoi boire , voulez-vous de l'eau ou le restant de votre lait , je vais vous le chercher. (*A part.*) Avec tout cela , si George allait venir ? Oh ! Il est encore de bonne heure.

LE DUC.

Je vous donne bien de la peine , ma chère Sarah.

SARAH.

De la peine ! dites du plaisir : Vous avez , sans doute , souvent fait du bien , puisque vous êtes riche , & vous savez que rien n'est plus doux.

LE DUC.

C'est au milieu de ces rochers , que s'est formée cette ame pure & céleste !

SARAH.

Vous ne mangez plus ; c'est que vous n'êtes pas accoutumé à une si mauvaise chére.

LE DUC.

Que dites-vous , Sarah , c'est le repas le plus délicieux d ma vie ?

SARAH.

Je reviendrai tantôt , mais je m'en vais , George m'attend peut-être.

LE DUC.

Un instant , de grace. Quel est donc ce George ?

SARAH.

C'est mon prétendu.

LE DUC.

Vous l'aimez , sans doute.

SARAH.

Je l'épouse.

LE DUC.

C'est un garçon de ce Village ?

SARAH.

George est un orphelin que mon père a retiré chez lui & qui l'aide dans les travaux que son âge avancé ne lui permettroit pas de supporter seul ; il lui tient lieu de fils , quoique j'aie un frère qui s'appelle James , mais il nous a quitté depuis bien long-tems ! Mon père doit une récompense à George , & c'est moi.

LE DUC.

Sa candeur m'enchante ! Ma chère Sarah , puisse George

vous rendre aussi heureuse que vous méritez de l'être.

SARAH.

Surement, il fera mon bonheur. Il m'aime tant ! quoiqu'il soit le garçon le plus sage & le plus aimable des environs, il craint toujours qu'on ne lui enlève mon cœur ; j'ai beau le rassurer, il faudra que je l'épouse pour le tranquilliser.

LE DUC.

Je passerois ma vie à l'entendre.

SCÉNE V.

GEORGE, SARAH, LE DUC.

GEORGE, sans être vu.

Sarah, Sarah.

SARAH.

Mon Dieu, c'est lui, c'est George.

LE DUC.

Ne répondez pas, Sarah, il y va de ma vie.

GEORGE, paroissant sur la cime des rochers.

Sarah : où donc est - elle ? si elle le fait exprès, c'est bien mal de me donner de l'inquiétude.

SARAH.

Hélas ! je m'en étois doutée. C'est ma faute. Bon Dieu, que cela va nous faire de chagrin ! J'aurois dû partir aussi.

LE DUC.

Si vous prenez quelqu'intérêt à ma conversation, gardez-vous de paroître.

GEORGE, plus près.

Son père lui avoit défendu de s'éloigner ; depuis quelques jours on voit tant de soldats, de vagabonds ! . . .

SARAH.

Il est là, je suis perdue ! Mettez-vous au fond de la grotte.

GEORGE, les appercevant.

J'avois beau vous chercher, Sarah, vous aviez pris des précautions pour n'être pas trouvée.

SARAH.

Écoutez, mon ami.

GEORGE.

Je ne suis point l'ami d'une jeune fille qui se cache avec des inconnus.

LE DUC.

Jeune homme, gardez-vous de croire. . . .

GEORGE.

C'est bien à vous de vouloir l'excuser ! Je la trouve plus coupable, puisque vous parlez pour elle. Mais qui êtes-vous ? que faites-vous là ? répondez.

SARAH.

Arrêtez, George, cet étranger est peut-être plus respectable que vous ne croyez.

GEORGE.

Quand ce seroit un Pair du Royaume, que m'importe ?

LE DUC.

Rends grace aux nœuds qui t'enchaînent, à cette jeune fille, j'aurois déjà puni ton insolence.

SARAH.

George, allons nous-en, je vous parlerai.

GEORGE, *sans l'entendre.*

Cette grotte est votre retraite ; vous vous cachez, vous êtes un rebelle ! Vous pourriez bien être leur chef... s'il étoit vrai...

SARAH.

Eh bien ! que feriez-vous, George ?

GEORGE.

J'en instruirois le Juge de la Comté, & l'État seroit débarrassé d'un perturbateur.

SARAH.

Vous vous chargeriez d'une action aussi infâme !

GEORGE.

Oui... si c'étoit celui-ci.

SARAH.

George, allons nous-en.

GEORGE.

Non. Je veux savoir qui il est. Je ne le quitte pas.

LE DUC.

Eh bien, lâche, je suis Monmouth, Monmouth lui-même. Va me dénoncer & demander l'indigne salaire offert à des traîtres tels que toi.

GEORGE.

Seroit-il possible !

SARAH.

Le Duc de Monmouth !

GEORGE, *se jettant à ses pieds.*

Ah ! Monseigneur, pardonnez mon audace. Ne craignez rien de George, il n'est pas un lâche assassin. Il aime Sarah, il tremble de la perdre ; mais il est incapable d'une action basse & honteuse. Moi ! vous livrer à vos ennemis ! je donnerois ma vie pour vous défendre.

LE DUC.

Relevez-vous, jeune homme. L'amour de Sarah, voilà votre excuse.

SARAH, *au Duc.*

Je vous avois bien dit qu'il étoit jaloux.

LE DUC.

Maintenant, mon cher George, je dois justifier Sarah.

GEORGE.

Monseigneur, je ne veux rien savoir.

SARAH.

Il n'a plus aucun soupçon.

LE DUC.

Cette nuit, évitant la poursuite de mes persécuteurs, je me suis perdu dans la forêt. Mourant de lassitude & de besoin, je me suis trouvé dans ce lieu & je crois que j'y serois mort sans elle.

GEORGE.

Pauvre Sarah! que je suis coupable! ah! Monseigneur, puisque vous m'avez pardonné, serez-vous assez bon pour me permettre de partager avec elle le soin de vous servir, de vous sauver s'il se peut.

LE DUC.

Oui, mes bons amis, mon sort va dépendre de vous deux.

GEORGE.

Vous n'êtes pas en sûreté ici, Monseigneur; les pâtres & les bûcherons y passent plusieurs fois le jour. Je vous aimerais mieux dans notre ferme.

LE DUC.

Comment m'y rendre sans danger? & puis vous n'êtes pas seuls?

GEORGE.

Ah! Monseigneur, si vous connoissiez le père de ma Sarah, le respectable Robert Edwige, vous verriez qu'il mérite encore mieux que nous toute votre confiance.

LE DUC.

Je le crois; mais s'il étoit possible que mon secret ne fût connu que de vous.

SARAH.

George, voilà mon père qui vient.

GEORGE.

Rentrez dans la caverne, Monseigneur. C'est moi que regarde le soin de votre vie. Ne dois-je pas tout faire pour mériter le pardon que vous m'avez accordé avec tant de bonté.

SARAH, *à George.*

Mon père nous cherche. (*Ils vont au-devant de Robert.*)

LE DUC, *à l'entrée de la grotte.*

Je ne sais ce qui doit arriver de tout ceci, mais le calme renaît dans mon ame. Je me crois plus en sûreté au milieu de ces bonnes gens, que dans les châteaux fortifiés de ceux qui se disent vos amis. Eh ! Qu'aurai-je à craindre ! Ne suis - je pas sous la sauve-garde de l'innocence & de la vertu ?

SCENE VI.

GEORGE, ROBERT, SARAH, LE DUC, *dans la grotte.*

ROBERT, *dans le fond.*

Vous m'avez donné un moment d'inquiétude, mes enfans. Je ne savais ce que vous étiez devenus.

GEORGE.

J'ai trouvé Sarah ici il n'y a pas bien long-tems.

ROBERT.

Je le crois ; quand on s'aime, le tems qu'on passe ensemble paroît toujours trop court ; mais, moi, j'étais seul & je pensais à vous.

SARAH.

Mon père, pardonnez...

ROBERT.

C'est que, depuis cette malheureuse bataille, il faut être plus sûr ses gardes que jamais. Les fugitifs & les vainqueurs sont également à craindre.

SARAH, *avec vivacité.*

Est-ce qu'il est encore venu des soldats, mon père ?

ROBERT.

Non, depuis ceux qui poursuivoient le Duc.

LE DUC, *à part.*

Écoutons.

SARAH.

On en veut donc bien à sa vie !

ROBERT.

N'a-t-il pas dû s'y attendre. Celui qui prend le parti des ennemis de son père, de son père qui est son Roi, & qui ne craint pas de livrer sa patrie au malheur de la guerre, peut-il espérer qu'on aura pitié de lui ?

GEORGE.

Un Prince qu'on dit si bon, si courageux !

ROBERT.

C'est en cela qu'il est plus coupable, puisqu'il a des vertus. Je lui pardonne le mal qu'il nous a causé, nos champs désolés, nos récoltes perdues. Mais dans tous les états où la providence nous place, grands ou petits, princes & bergers, ne doivent pas oublier qu'on doit du respect à son père & de l'attachement au lieu qui nous a vu naître.

LE DUC, *à part.*

Quelle leçon, juste ciel !

SARAH, *à Robert.*

Vos yeux sont remplis de larmes !

ROBERT.

C'est que ce Duc me fait penser à un autre ingrat, à ton frère, qui refuse à mes vieux ans le secours de sa jeunesse & s'est éloigné du toit paternel qu'il n'aurait jamais dû quitter.

GEORGE.

George tâchera de le remplacer, mon père.

ROBERT.

Tu le remplace depuis long-tems, mon ami.

SARAH.

Ce malheureux Prince, réduit à se cacher pour éviter ses ennemis, est peut-être bien inquiet à présent.

GEORGE.

On propose dix mille guinées à celui qui le livrera.

ROBERT.

C'est payer bien cher un crime.

GEORGE.

Une pareille somme peut tenter.

ROBERT.

De malhonnêtes gens.

SARAH, *vivement.*

Oh ! oui, de malhonnêtes gens.

GEORGE.

Dix mille guinées font une fortune, & puis l'avantage de préserver l'État des entreprises de celui qui l'a déjà troublé…

ROBERT.

Les méchans n'ont pas besoin de prétexte & les gens de bien ne se laissent point prendre à de tels appâts.

GEORGE.

Eh bien, mon père, je connois quelqu'un qui sait où est le Duc de Monmouth.

ROBERT.

Vous, George !

GEORGE.

Oui ! qui connoît le lieu de sa retraite.

ROBERT, *le Franc.*

Et celui-là auroit-il pu concevoir l'idée de livrer un malheureux Prince…

GEORGE.

De le livrer ! Oui, mon père : de le livrer à vous, à vous seul, à votre vertu. (*Au Duc.*) Paroissez, Monseigneur, vous avez tout entendu, vous connoissez notre père.

ROBERT.

Que vois-je ? Est-il vrai ?

LE DUC.

Oui, bon vieillard, il ne vous a pas trompé! Je dois la vie à vos enfans.

ROBERT.

Embrasse-moi, ma Sarah. Embrasse-moi George. Serre dans tes bras un pauvre vieillard qui est glorieux que tu l'aies choisi pour ton père. Laissons les grands traiter comme ils l'entendent ce qu'ils appellent les intérêts de l'État. Notre devoir, à nous, est d'être toujours bons & humains. Pardon, Monseigneur. Vous avez entendu des choses qui ont dû vous déplaire; mais je vous aurais su présent que je n'aurais pas trahi la vérité. Puissé-je finir ce que mes enfans ont commencé, & vous dérober à tous les yeux jusqu'à ce que vous ayez trouvé grace devant le Roi.

LE DUC.

Tant de générosité me confond & m'impose la loi de refuser vos bienfaits. Partez, laissez-moi, gardez le silence, c'est tout ce que je vous demande.

ROBERT.

Vous abandonner ainsi! Monseigneur, ne le croyez pas.

LE DUC.

Songez-vous au danger. . .

ROBERT.

Ne peut-on courir quelques risques pour faire le bien! Venez, ma ferme sera votre asile. On ne viendra peut-être pas vous y chercher une seconde fois. Mon fils est de votre âge, vous prendrez ses habits & vous passerez pour lui. N'est-ce pas, George?

GEORGE.

Oui, mon père. C'est le meilleur moyen d'ôter tout soupçon.

SARAH, *au Duc.*

On croira que vous êtes mon frère James.

ROBERT.

.. y a assez long-tems qu'il m'a quitté pour qu'on s'y méprenne. Allons, Monseigneur, vous êtes fans méfiance, je crois. Nous vous conduirons par un chemin détourné où nous ne rencontrerons personne.

SARAH.

J'irai devant, moi, Monseigneur.

LE DUC.

Je me rends, mes amis. Je deviens votre fils, Robert, & le frère de la chère Sarah.

Fin du second Acte.

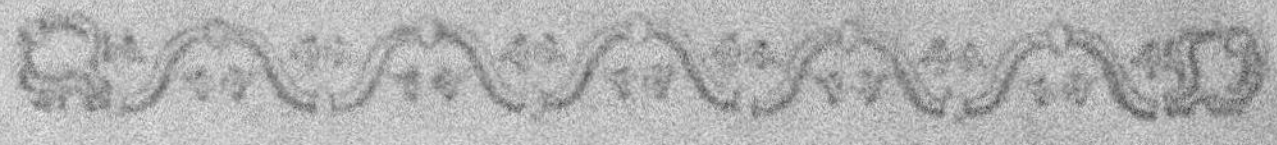

ACTE III.

La Scène se passe dans la Ferme de Robert.

SCENE PREMIERE.

GEORGE, SARAH.

SARAH.

Eh bien, George, as-tu été jusqu'au village ?

GEORGE.

J'en arrive tout-à-l'heure.

SARAH.

On ne soupçonne rien ?

GEORGE.

Oh ! rien du tout. Il y a si long-tems que ton frère a disparu. J'ai dit qu'il étoit revenu d'hier ; qu'il arrive d'Ecosse, où il a pris une ferme, & qu'il est encore tout foible d'une maladie qu'il a eue en route.

SARAH.

Bon !

GEORGE.

Le vieux Yorick, qui est venu ici tantôt, & qui a entrevu le Duc, que nous venions d'habiller, n'a-t-il pas reconnu en lui ton frère ? Il lui a parlé du tems où il le faisoit danser sur ses genoux.

SARAH.

Tant mieux, cela fera que Monseigneur sera en sûreté chez nous, & y restera tant qu'il voudra.

GEORGE.

Où est-il donc ?

SARAH.

Dans le jardin, où il se promène à grands pas. Je n'ai pas voulu l'interrompre.

GEORGE.

Tu as bien fait !

SARAH.

Ecoute, George ! il a tiré quelque chose de sa poche. C'é-

fois , je crois , le portrait d'une femme : il le regardoit avec
tant de plaisir , il le baisoit ; & puis il lui parloit , comme si
ce portrait alloit lui répondre.

GEORGE.

C'est sûrement le portrait de sa maîtresse.

SARAH.

C'est ce que j'ai pensé. Avec tous ses malheurs , être encore
éloigné de celle qu'il aime , que fera-t-il quand il la reverra.

GEORGE.

A sa place , je serois déja mort de chagrin.

SARAH.

Nous sommes donc plus heureux que des Princes , nous ,
George ?

GEORGE.

C'est vrai , au moins !

SARAH.

S'ils sont tous comme celui-là , je ne sais pas comment on
peut trouver des gens qui veuillent l'être.

GEORGE.

Crois-tu , Sarah , qu'il m'ait pardonné ?

SARAH.

Oui , parce qu'il est bon. Mais , moi , quoique j'aye oublié
de vous gronder , je ne vous pardonne pas. Je ne vous croyois
pas méfiant & soupçonneux à ce point.

GEORGE.

J'ai eu tort , ma Sarah , bien grand tort. Mais ne sois pas
moins bonne que lui.

SARAH.

Penser assez mal de moi pour me croire coupable , parce que
j'ai secouru un malheureux qui mouroit de lassitude & de faim !
maltraiter ce malheureux , qui se trouve être un Prince , parce
qu'il a été un moment seul avec moi. Ah ! George qu'elle
vilaine chose que la jalousie ! Vous devez être bien honteux de
ce qui vous est arrivé, quand nous serons mariés , si vous me
jugez ainsi sur les apparences , qui trompent souvent , comme
vous voyez , quel bonheur dois-je attendre , en devenant
votre femme ?

GEORGE.

Vous m'affligez , Sarah , mais je ne m'en plains pas. La leçon
que je reçois aujourd'hui , ne sortira jamais de ma mémoire.

SARAH.

Eh bien , mon ami , n'en parlons plus. Aussi-bien voilà notre
nouvel hôte.

SCENE II.

SARAH, LE DUC *en payfan*, GEORGE.

SARAH.

ENfin, vous revenez avec nous, Monfeigneur, vous avez
été long-temps feul!

LE DUC.

Vous manquez à notre convention, Sarah, ne vous fouvient-
il plus que je fuis votre frère?

SARAH.

Ah! c'eft vrai. Mais Sarah ofera-t-elle être votre fœur?

LE DUC.

Pourquoi non? Ne reçois-je pas de vous les tendres foins
d'une fœur? Soyez la mienne, Sarah. Si le ciel le permet,
cette adoption ne fera pas vaine. Vous verrez que je fuis votre
frère; & le vôtre, George.

SARAH.

Ah! Monfeigneur..... mon frère, George eft fi confus,
fi repentant....

LE DUC.

De quoi?

SARAH.

D'avoir eu le malheur.... ce matin.....

LE DUC.

N'y fongez donc plus, mes amis, fi vous ne voulez pas me
déplaire. Le bon Robert eft donc forti?

SARAH.

Vraiment! il tarde long-temps.

LE DUC.

Eft-il allé loin?

SARAH.

Au bout du village. Chez le juge de la Comté, Milord
Halifax.

LE DUC.

Chez le juge de la Comté!

SARAH.

Oui. Pour un prifonnier qui l'a fait demander.

GEORGE.

Quelque malheureux qui a befoin de fon affiftance. Cela arrive
tous les jours, Monfeigneur. Robert eft connu pour le plus
honnête homme du canton, & pour le plus obligeant.

SARAH.

Allons voir s'il revient, George.
(Elle lui fait signe qu'il faut laisser le Duc seul.)

SCÈNE III.

LE DUC, *seul après une pause.*

Cette absence du père m'étonne ! chez le juge de la Comté, Halifax, ce zélé royaliste ! Serois-je trahi ? pendant que je m'endors dans une douce sécurité, méditeroit-on ma perte ?... Non, le malheur me rend injuste. Admettre un tel soupçon, ce seroit payer le bienfait que je reçois par la plus noire ingratitude ! — Mais me faudra-t-il languir ici long-temps dans une triste oisiveté ? mon père en effet seroit-il inflexible ? Les Rois sont l'image de la Divinité. La clémence & la bonté doivent les distinguer du reste des hommes.

SCÈNE IV.

LE DUC, ROBERT & SARAH *dans le fond.*

SARAH.

Mais vous avez été plus long-temps que vous ne croyiez, mon père ?

ROBERT.

C'est vrai, ma fille.

SARAH.

Quel est donc ce prisonnier qui vous demandoit ?

ROBERT.

Un malheureux bien digne de pitié.

SARAH.

Vous avez du chagrin, mon père. Vous avez pleuré.

ROBERT, *à part.*

Pouvois-je espérer de cacher ma douleur !

SARAH.

Parlez-moi donc.

ROBERT, *avançant.*

Laisse-moi, ma fille. Ah ! vous voilà, Monseigneur. Pardon d'avoir été obligé de vous quitter. J'ai appris des nouvelles qui vous intéressent. Le camp est toujours à Malden, mais le Roi a couché à trois mille d'ici, au château de Waterford.

LE DUC, *à part.*

Chez le frère de Fanni !

ROBERT.

On croit que vous avez deſſein de vous refugier en France & que vous avez pris le chemin des côtes. Ainſi, Monſeigneur, notre maiſon devient un aſile plus ſûr, & vous y reſterez juſqu'à ce que vous puiſſiez la quitter ſans danger.

LE DUC.

Vous ſavez, mon ami, avec quelle confiance je jouis de la douce hoſpitalité que vous me donnez…… Mais vous me paroiſſiez inquiet & affligez, mon cher Robert.

ROBERT.

Non, Monſeigneur. Où donc eſt George ? Fais-le venir, Sarah.

LE DUC.

Le voici, & je vous laiſſe enſemble.

(Il ſort.)

SCÈNE V.

ROBERT, SARAH, GEORGE.

ROBERT.

Viens, George ; j'ai à te parler. Tu ne ſuis pas, Monſeigneur, Sarah.

SARAH.

Il eſt peut-être bien aiſe d'être ſeul.

ROBERT.

Non, va. Ta préſence peut le diſtraire dans ſes peines. Quand on en éprouve de cruelles, il eſt doux d'avoir à qui les raconter.　　　　　*(Sarah ſort lentement.)*

SCÈNE VI.

ROBERT, GEORGE.

ROBERT.

Nous avons beſoin de courage, mon ami ! car pour de la conſolation, je n'en attends pas dans la ſituation où je ſuis.

GEORGE.

Qu'eſt-il donc arrivé, mon père ?

ROBERT.

Je n'ai pas la force de te l'apprendre.

GEORGE.

Vous me faites trembler!

ROBERT.

Tu es orphelin, mon pauvre George...

GEORGE.

Non, puisque vous m'avez toujours servi de père.

ROBERT.

Si le tien ne fût pas mort, tu ne l'aurois pas abandonné, toi! Tu n'aurois pas dédaigné la charrue qui le nourriſſoit pour aller à la Ville chercher la fortune & la corruption. Ah! c'eſt déſormais que j'aurai raiſon de t'appeller mon fils, mon ſeul fils.

GEORGE.

Vous avez donc eu des nouvelles de James ?

ROBERT.

Je l'ai vu!

GEORGE.

Mon père...

ROBERT.

Oui, mon ami. Ce priſonnier de ce matin, c'eſt lui! Après quinze ans d'abſence il revoit ſon lieu natal qu'il avoit fui; mais il y revient accuſé d'un crime, condamné à mort! Il y revient pour faire le déſeſpoir de ma vie & l'opprobre de mes vieux jours.

GEORGE.

James auroit pu oublier les leçons de probité qu'il reçut de vous!

ROBERT.

La jeuneſſe s'égare bientôt quand elle a ſecoué le joug de ceux qui doivent lui ſervir de guide. L'attrait d'une vie licentieuſe, plutôt ſans doute que le déſir d'être utile à l'Etat, à fait prendre à James le métier de la guerre. Il étoit ſoldat dans l'armée du Roi. Son exactitude & ſon courage l'avoient fait eſtimer de ſes chefs; mais le malheureux s'eſt laiſſé gagner par un officier du parti ennemi, ſon ancien camarade; il a entretenu avec lui une intelligence criminelle, &, hier matin avant la bataille, on l'a ſaiſi, comme il paſſoit dans le camp des rébelles, portant avec lui la conviction de ſon crime.

GEORGE.

Mais, mon père, ne pourrions-nous pas à prix d'or...

ROBERT.

Eh, crois-tu que je n'aie pas offert tout ce que je poſſède pour qu'on me rende mon fils tout coupable qu'il eſt.

GEORGE.

Que faire donc ?

ROBERT.

Dévorer nos larmes, renfermer notre douleur en nous-
mêmes. Si j'avois eu la force de la supporter seul, je ne te
l'aurois pas fait partager.

GEORGE.

Pauvre Sarah !

ROBERT.

C'est à elle sur-tout qu'il faut cacher ce triste événement.
Epargnons son ame jeune & sensible, elle n'est pas encore
accoutumée au malheur.

GEORGE.

Comment voulez-vous qu'elle ignore.

ROBERT.

Mon pauvre fils méconnoissable à tous les yeux, excepté
aux miens, a caché son véritable nom. Condamné comme
un traître il a pensé que sa mort souilleroit mes cheveux
blancs & nuiroit à sa jeune sœur. Il ne demande pas même à la
voir.

GEORGE.

Il me verra, moi, mon père. Je ne l'abandonnerai pas.
Je tâcherai de porter quelque consolation dans son ame en lui
promettant de veiller sans cesse à votre bonheur.

ROBERT.

Il n'en est plus pour moi.

GEORGE.

Mais mon père, la sentence du malheureux James...

ROBERT.

Est prononcée sans retour. Il faut des exemples. Milord
Halifax, qui est au château de Waterford doit l'interroger encore... George, voilà le Duc ! Taisons-nous.

GEORGE.

Il est la seule cause de nos malheurs !

ROBERT.

Il faut donc les lui cacher, puisqu'il y seroit plus sensible.

SCENE VII.

ROBERT, GEORGE, LE DUC.

LE DUC.

MEs amis, je reviens à vous. Votre présence adoucit
mes ennuis.

ROBERT.

Que ne dépend-il de nous de vous le faire oublier! Mais
hélas! nous ne pouvons guères vous offrir de confolation...
Excufez-moi, Monfeigneur. George, je ne puis retenir mes
larmes. Sa vue me rappelle des fouvenirs trop cruels. Refte
avec lui.   (*George le conduit quelques pas.*)

LE DUC, *à part.*

Ce vieillard m'éseue! Il paroît affecté de la plus vive douleur. Je devine aifément le fujet de fes alarmes : & je ferois
ingrat de ne pas les faire ceffer.

SCENE VIII.

LE DUC, GEORGE.

LE DUC.

George, quelle eft donc ce changement? Je vois de
l'altération fur votre vifage, le bon Robert eft plongé dans
une trifteffe profonde. Quelle eft la caufe de vos chagrins?

GEORGE.

Pardonnez, Monfeigneur, fi je vous en fais un fecret.

LE DUC.

Vous refufez de m'ouvrir votre cœur.

GEORGE.

J'obéis à Robert.

LE DUC.

J'attendois de vous plus de franchife & plus de confiance.
Mais puifque vous êtes fi réfervé, je vous dirai que je fuis
inftruit du fujet de vos inquiétudes.

GEORGE.

Non, Monfeigneur.

LE DUC.

Que je les trouve pas légitimes...

GEORGE.

Non, Monfeigneur, vous ne pouvez favoir...

LE DUC.

Je n'exige point de vous un aveu, au moins ne cherchez
pas à m'abufer. Ecoutez-moi, George, & ne m'interrompez
pas. Robert dont l'ame eft noble & fenfible, m'a offert un afyle
chez lui. Il n'a écouté alors que le premier mouvement de fon
cœur, & le défir de m'être utile lui a fermé les yeux fur les
dangers auxquels il s'expofoit. A préfent la raifon l'éclaire.
Il voit le précipice ouvert fous fes pas, il tremble d'avoir fa-

crifié peut-être fa vie & le bonheur de fes enfans, qui lui eſt plus cher encore, au falut incertain d'un infortuné qui n'avoit d'autre droit à fa compaſſion que fon malheur même. Je partage fes craintes & je n'abuferai point de fi pitié généreuſe, je vous quitterai cette nuit, mes amis, & le fouvenir de votre bienfait ne fortiras jamais de ma mémoire.

GEORGE.

Quoi! Monſeigneur, vous pouvez penſer que nous nous repentons de vous avoir fervi, que nous déſirons votre éloignement? Ah! rendez-nous plus de juſtice. Si Robert vous avoit entendu, vous auriez porté le dernier coup à fon cœur déjà déchiré.

LE DUC.

Quoi! George, vous ne conviendrez pas avec moi...

GEORGE.

D'une choſe à laquelle nous n'avons jamais penſé. Non, Monſeigneur.

LE DUC.

Eh bien je me fuis trompé; mais je fuis votre ami, je veux l'être, & à ce titre je dois être inſtruit du fujet de vos peines.

GEORGE.

Monſeigneur...

LE DUC.

Vous êtes le dépoſitaire de mon fecret, & je ne puis ſavoir le vôtre?

GEORGE.

Il vous en coûteroit trop de l'apprendre.

LE DUC.

Vous redoublé mon impatience. Parlez, George, je le veux.... je vous en fupplie.

GEORGE.

Vous l'ordonnez, Monſeigneur. C'eſt vous qui l'aurez voulu. Eh bien, fachez que le fils de Robert, celui dont vous occupez la place, eſt condamné à la mort.

LE DUC.

Dieux!

GEORGE.

C'eſt ce prifonnier qu'il eſt allé viſiter.

LE DUC.

De quoi l'accuſe-t-on? Quel eſt fon crime?

GEORGE.

Il eſt inutile que vous en fachiez davantage.

LE DUC.

Non, achevez.

GEORGE, *héſitant.*

Il ſervoit comme foldat dans l'armée du Roi.

LE DUC.

Eh bien ?

GEORGE, *héfitant.*

Un officier du parti des.....

LE DUC, *vivement.*

Du parti des rebelles, finiffez.

GEORGE.

L'a féduit, l'a fait déferter au moment du combat, & il eft puni comme un traître.

LE DUC.

Que m'avez-vous dit, George ? Ah ! je fuis l'unique fource de vos douleurs !

GEORGE.

Sans le vouloir, Monfeigneur.

LE DUC.

Ainfi ma première faute, ma funefte imprudence auront coûté la vie au fils de l'homme qui fauve la mienne ! Le bon Robert étoit né pour être mon libérateur, & je fuis fon bourreau ! Ah ! n'eft-ce pas au premier coupable de mourir ? Cette réflexion m'éclaire ! Je pourrois lui rendre fon fils.... Oui... ne balançons pas un inftant, je n'ai pas le choix des moyens. Mon cœur me le prefcrit, l'équité le commande.

(*Il tire fes tablettes & écrit.*)

GEORGE.

Monfeigneur,...

LE DUC.

Il faut fauver le fils de l'honnête Robert !

GEORGE.

Seroit-il poffible ! Que faites-vous, Monfeigneur.

LE DUC.

Ce que je dois. L'action de ma vie qui a le plus fatisfait mon cœur. Allez, George, volez chez Lord Halifax. Remettez lui ces tablettes. Ne perdez pas un feul inftant, & fur-tout que Robert ignore ce que vous allez faire.

GEORGE, *prenant les tablettes.*

Son fils lui feroit rendu !

LE DUC.

Je l'efpére.

GEORGE.

Mais, Monfeigneur, fi pour le fauver, vous rifquiez de trahir votre fecret, fi....

LE DUC.

Allez, vous dis-je.

GEORGE.

Milord Halifax eft donc de vos amis ? Vous êtes donc fûr de lui ?

LE DUC.

Croyez, George, que Monmouth a su tout prévoir; le
moindre retard peut rendre nos efforts inutiles. Partez.

GEORGE.

J'obéis, Monseigneur, j'obéis. James seroit sauvé! Nous
vous devrons la vie de notre père!

(Il sort.)

SCENE IX.

LE DUC, seul.

MOn cœur est soulagé d'un poids qui l'oppressoit. Quoiqu'il puisse arriver, le sacrifice que je viens de faire ne me coû-
tera point de regrets. S'il faut une victime, n'est-ce pas à moi
d'expier les fautes que j'ai fait commettre? Le sort en est jetté,
ma destinée est dans les mains de mon père. De sa clémence ou
de la rigueur, dépend ma grace ou mon arrêt. Aurois-je pu me
résoudre à traîner la vie obscure d'un proscrit, qui marche envi-
ronné de piéges, à charge à ses amis, dont il fatigue le zèle;
poursuivi par des traîtres, que l'intérêt ou la haine amenent sur
ses pas? La mort est mille fois moins affreuse! Et cette honnête
famille à qui je dois tant, comme elle va me bénir!... Ils diroient:
nous étions condamnés à l'opprobre, à des larmes éternelles! Il
vécut un instant parmi nous, notre sort fut changé. Cette idée
consolante adoucit l'amertume de ma situation, & devient ma
plus douce récompense!

SCENE X.

LE DUC, SARAH.

SARAH.

M'Apprendrez-vous ce qui se passe ici, Monseigneur?
George est sorti sans me parler; mon père s'enferme, & ne me
répond pas. Je ne sais si c'est vous ou bien nous que cela regarde,
mais on veut me cacher quelque chose.

LE DUC, à part.

La pauvre enfant ignore son malheur, qu'elle ne l'apprenne
que quand il sera réparé. (Haut.) Bannissez vos craintes, Sarah;
Songez plutôt que vous touchez au moment de votre vie le plus

heureux. George va devenir votre époux. Peut-être reverrez-
vous auffi votre frere.

S A R A H

Mon frere ! nous n'ofons l'efpérer.

L E   D U C.

Vous l'aimez beaucoup , fans doute ?

S A R A H.

Si George eft mon mari , fi je conferve mon Pere , il ne man-
quera plus que James à mon bonheur.

L E   D U C.

Aimable enfant ! . . Vous avez pour moi de l'amitié , Sarah ,
je veux vous donner une marque de confiance dont je vous crois
digne.

S A R A H.

A moi , Monfeigneur !

L E   D U C.

Le fort peut encore me trahir. Malgré la tranquillité appa-
rente dont nous jouiffons , je touche peut-être au moment d'être
découvert.

S A R A H.

Eh ! non. Vous êtes en fureté ici. Ah ! vous me faites trembler.

L E   D U C.

Il faut s'attendre à tout. Si ce malheur arrivoit , je n'ai pas
perdu toute efpérance de fléchir la colère du Roi.

S A R A H.

Oh ! oui , Monfeigneur ; il vous pardonneroit.

L E   D U C.

Peut-être auffi feroit-il inexorable.

S A R A H.

Non , non.

L E   D U C.

Voilà deux bagues , Sarah. L'une eft à vous : qu'elle ferve
à me rappeller votre fouvenir. L'autre , ce fimple anneau ,
me vient d'une perfonne bien chère à mon cœur.

S A R A H.

Eh bien ! Monfeigneur ?

L E   D U C.

S'il arrivoit que mon malheur devint fans efpérance , c'eft
vous que je charge du foin de la remettre à Ladi Shaftsbury.
Qu'elle fache combien vous avez des droits à ma reconnoiffance. Elle m'acquittera envers vous. Vous lui direz que Monmouth n'étoit attaché à la vie , que dans l'efpérance de la paffer
auprès d'elle ; qu'il n'a fongé à fon élévation , que pour la lui
faire partager ; que l'amour qu'elle lui infpira , l'a confolé
dans fes difgraces , a prêté quelque charme à fes derniers momens , & lui a donné affez de courage pour fupporter fon fort.

SARAH.

Que me dites-vous ? Pourquoi me faire à présent cette confidence ? Votre secret est donc découvert, Monseigneur ? Vous m'affligez, vous me désespérez !

LE DUC.

Promettez-moi, Sarah, de me rendre le dernier service que je vous demande.

SARAH.

Je vous promets tout, pourvu que vous me tiriez de l'inquiétude où je suis.

LE DUC.

Vous n'apprendrez que trop tôt . . .

SARAH.

Quel bruit ! on vient ! ce sont des soldats. Tout est perdu ! cachez-vous.

(Elle veut l'emmener & tombe dans ses bras.)

SCENE XI.

LE DUC *près de la coulisse*, SARAH *au-devant de lui*,

ROBERT, UN ALDERMAN, SOLDATS.

ROBERT, *aux Soldats*.

Pourquoi m'entraînez-vous comme un criminel ? De quel droit entrez-vous dans ma maison ?

L'ALDERMAN.

Du droit que tu nous as donné toi-même.

ROBERT.

Ce droit n'est qu'une imposture.

L'ALDERMAN.

Qu'as-tu fait du Duc de Monmouth ?

ROBERT.

Je vous dis que je ne le connois pas.

L'ALDERMAN, *appercevant le Duc*.

Le voici, sans doute !

ROBERT.

Malheureux, arrêtez ; ce n'est pas Monmouth, c'est mon fils !

SARAH, *revenue à elle*.

Il est mon frère.

L'ALDERMAN.

Eh quoi ! vieillard obstiné, tu démens donc ces tablettes que

tu t'eus as fait remettre toi-même ? Lis, & ose nier encore.
(*Il lit.*) *Monmouth déguisé, est caché dans la maison du
Fermier Robert Edwige, qui demande la grace de son fils
pour récompense de l'avis qu'il donne...*

SARAH.

Mon frère.

ROBERT.

J'achetterois la grace de mon fils par une telle indignité !
Plutôt moi-même le conduire à la mort.

LE DUC, *avançant.*

Mes amis, la feinte est inutile, je suis Monmouth.

ROBERT.

Monseigneur, j'atteste le ciel, que, ni mes enfans, ni moi...

LE DUC.

Vous êtes au-dessus du soupçon, Robert ; c'est moi, c'est
moi seul...

ROBERT.

Ah ! Monseigneur, George vous a tout dit ! Voilà ce que
je craignois ; & vous vous êtes sacrifié pour des malheureux
tels que nous !...

LE DUC.

C'étoit à moi de vous rendre votre fils. Que mon malheur
vous devienne utile, tous mes vœux sont comblés. Consolez-
vous, mes amis. Qui sait si le ciel, touché de ce que je fais
pour vous, ne se lassera point de me persécuter. Il faut nous
séparer. Adieu, mes bons amis.

ROBERT, & SARAH, *à ses genoux.*

Monseigneur...

LE DUC, *les relevant & embrassant Robert.*

Adieu, mon père ! adieu Sarah ! — Soldats, je me remets
en vos mains : exécutez les ordres de votre maître.

SCÈNE XII & *dernière.*

LES PRÉCÉDENS, GEORGE, LADI, LE LORD

HALIFAX, HERVEY, BETSI, SOLDATS, SUITE.

GEORGE.

Monseigneur, Monseigneur !... une Dame vous demande... La voilà.

LE DUC.

Ciel ! Fanni ! & dans quel instant !... (*Ladi tombe dans
ses bras, il se détourne & apperçoit Halifax.*) Que vois-je ?
Halifax ! (*A Ladi.*) je vous revois, Madame, je mourrai
satisfait.

LADI.

Ne parlez plus de mourir, le Roi vous pardonne.

HALIFAX.

Oui, Prince.

LE DUC.

Mon père me pardonne !

HALIFAX.

Je viens de sa part vous annoncer que la clémence remplace aujourd'hui la sévérité.

LE DUC.

Eh ! quel Ange de paix, quel Dieu tutélaire a pu changer
son cœur & désarmer son courroux ?

HALIFAX.

Sa tendresse dont vous avez douté trop long-tems, & les
larmes de Miladi, la promesse qu'elle a fait en votre nom
de vous ramener à ses pieds soumis & fidèle. Il se repentoit
déjà d'avoir prononcé contre vous un arrêt trop cruel que
lui avoient arraché vos ennemis. Ladi Shaftsbury a achevé de
toucher son ame paternelle. Elle a exalté à ses yeux ce droit
glorieux & sacré, la plus belle prérogative des Rois, le droit
de faire grace : que Monmouth vive, a-t-il dit, & puissai-je
retrouver en lui, au lieu d'un ingrat armé contre moi, un
fils prêt à me défendre.

ROBERT ET GEORGE.

Béni soit ce bon Prince.

LE DUC, *à Ladi.*

Que la vie me sera chère, Madame, elle sera un de vos
bienfaits. (*A Halifax.*) Oui, Milord, je le mériterai ce
pardon généreux. Puisse mon sang versé pour mon père &
pour l'Etat expier mon double crime. Qu'il me tarde d'em-
brasser ses genoux, & de lui ouvrir mon cœur qu'animent à la
fois la tendresse, le repentir & la reconnoissance.

LADI.

Allons, Prince, hâtez-vous de quitter ces lieux...

LE DUC.

Je ne les quitte point sans regret, Madame, & ils seront
toujours chers à mon souvenir. Qu'il me sera doux de vous
raconter ce que je dois à cette honnête famille. — J'ose espérer que votre fils va vous être rendu, Robert...

HALIFAX.

Il est absous & libre de l'instant que vous le désirez.

LE DUC, *à Robert.*

Unissez George & Sarah, je me charge de leur fortune.

SARAH.

Nous n'avons pas besoin d'être plus riches que nous le sommes, Monseigneur, c'est votre amitié que nous voudrions conserver.

LE DUC.

Elle vous est acquise pour la vie, mes amis. Vous avez plus
fait que de sauver mes jours, Robert, vous m'avez éclairé sur
mes devoirs, vous m'avez appris que le respect pour nos parens
& l'amour de la Patrie sont les premières de toutes les vertus.

FIN.